westermann

Texte schreiben

Erarbeitet von

Dominique Bielau
Elke Krutz
Insa Scheller
Sabine Wolff-Stamer

in Zusammenarbeit mit der
Westermann-Grundschulredaktion

Unter Beratung von

Heike Baligand
Angelika Föhl
Tanja Holtz
Nadine Pistor

Illustriert von

Angela Fischer-Bick, Gabie Hilgert,
Karoline Kehr

Flex und Flora C
Deutsch inklusiv

Inhaltsverzeichnis

Datum: ______________

handlungsorientierte Seiten
Spiegel

Gut starten

Datum: ______________

1 Sprich deutlich.
Welches Wort
reimt sich auf **Hose**?
Verbinde.

Hose

Rose

Tasche

Wörter, die am Ende ähnlich klingen,
nennt man **Reimwörter**: Hose – Rose, Nase – Hase, ...

2 Sprich deutlich und verbinde die Reimwörter.

Nase	Turm	Mund	Ziege

Datum: ______________

1 Sprich die Wörter für die Bilder. Verbinde die Reimwörter.

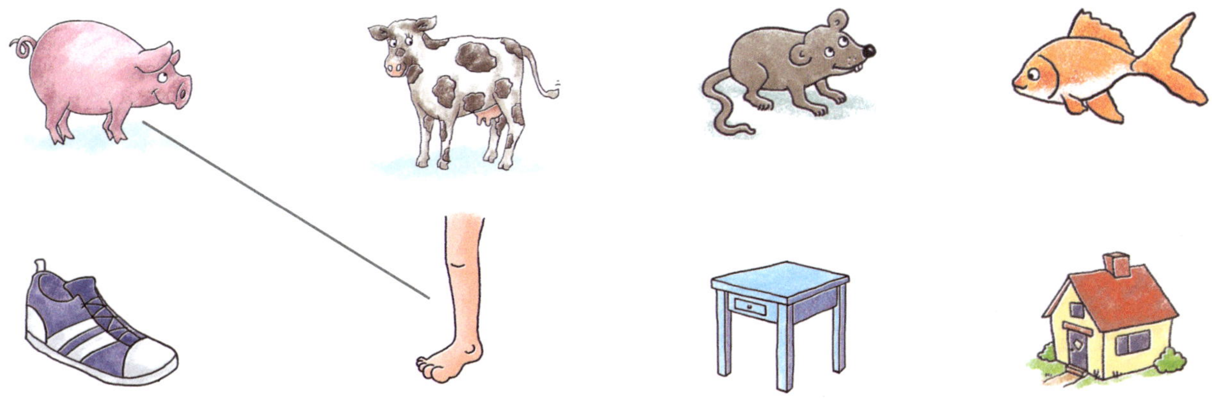

2 In jedem Kasten reimen sich 2 Wörter.
Sprich deutlich und markiere die Reimwörter.

Hupe
Eimer
Lupe

Käfer
Löwe
Möwe

Kanne
Pfanne
Löffel

3 Immer 2 Wörter reimen sich.
Sprich deutlich und male mit derselben Farbe an.

Tier	Wal	Kind	Suppe	Hand
Sand	Stier	Schal	Wind	Puppe

Reimwörter verbinden
Reimwörter ankreuzen
Reimwörter in der gleichen Farbe anmalen

Datum: ____________

1 Sprich die Sätze deutlich.
Markiere die Reimwörter.

In der Dose
steht die Rose.

Auf dem Berg
steht der Zwerg.

Auf dem Tisch
liegt der Fisch.

In dem Keller
liegt der Teller.

2 Sprich die Sätze deutlich und schreibe die Reimwörter.
Markiere die Reimwörter.

Buch	Rosen	~~Tuch~~	Hosen

Clown Otto hat ein Tuch

und liest in einem ____________.

Clown Augustin hat bunte ____________,

in der Hand hat er zwei ____________.

Reimwörter markieren
Reimwörter in Sätze einsetzen

Datum: ____________

3 Sprich die Sätze deutlich.
Welches Reimwort passt?
Schreibe die Reimwörter.

~~Tee~~
Junge
Limo
Riese
Baum
Hase

Die kleine Fee
trinkt so gern Tee.

Auf der Wiese
steht ein ____________.

Auf die Nase
fällt der ____________.

4 Wähle und schreibe die Reime.
Sprich die Sätze deutlich.

Mütze	Tanne	Schnecke
Hecke	Pfütze	Pfanne

Auf der bunten ____________
findest du die ____________.

In die schöne ____________
ist verliebt die ____________.

Datum: ____________

1 Schreibe deinen Namen bunt, klein, groß, …

2 Schreibe.
So heißt meine Klasse:

3 Schreibe.
So heißen Kinder in meiner Klasse:

Datum: ______________

1 Male deine Schule.

2 Wie heißt deine Schule?
Schreibe den Namen auf.

3 Schreibe.
So sind die Kinder in meiner Klasse:

nett	~~lustig~~	frech	witzig	laut
leise	fröhlich	klug	ernst	

Luca ist lustig.

Die eigene Schule darstellen
Den Namen der Schule aufschreiben
Kinder aus der eigenen Klasse beschreiben

Listen schreiben

Datum: ____________

Rührkuchen
3 Eier,
1 Tasse Zucker,
1 Tasse Öl und
1 Tasse Milch verrühren.
1 Päckchen Backpulver,
2 Tassen Mehl
dazugeben und rühren.

1 Welche Zutaten brauchst du? Markiere.

Eier Käse Öl Zucker Mehl
Gurke Backpulver Milch

2 Schreibe die Einkaufsliste für den Rührkuchen.

Einkaufsliste Rührkuchen:

- Eier
- ____________
- ____________
- ____________
- ____________
- ____________

Ideen zum Einsatz des Tablets, siehe Handreichung, Kap. 1.3

In einem Rezept Zutaten identifizieren
Eine Einkaufsliste schreiben

Datum: ____________

1 Mateo fährt ans **Meer**. Was muss er einpacken?
Lies und markiere.

Handtuch 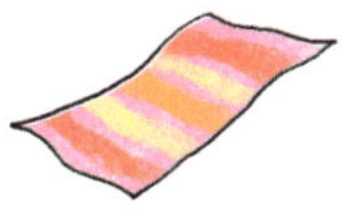 Badehose  Ski 

Schaufel  Stiefel  Eimer 

2 Schreibe die Packliste für Mateo.

Schreibe die Dinge untereinander.

Packliste von Mateo

- Handtuch
- ____________
- ____________
- ____________

3 Was nimmst du mit in den Urlaub?
Schreibe.

Packliste

von ____________

- ____________
- ____________
- ____________

Datum: ____________

1 Von wem ist der Wunschzettel?
Schau genau und schreibe.

Wunschzettel
von ____________

☆ Seil
☆ Bär
☆ Stifte
☆ Helm

2 Schau das Bild oben genau an. Schreibe den fehlenden Wunschzettel.

Wunschzettel
von ____________

☆ Fußballschuhe
☆ ____________
☆ ____________
☆ ____________

Ideen zum Einsatz des Tablets, siehe Handreichung, Kap. 1.3

Datum: ____________

3 Was wünschst du dir? Markiere.

Buch 	Auto 	Rucksack 
Ball 	Stifte 	Telefon 
Teddy 	Helm 	Bagger 
Spiel 	Kleid 	Mütze 

4 Schreibe und male deine Wünsche auf.

Wunschzettel

von ____________

☆ ____________

☆ ____________

☆ ____________

☆ ____________

5 Lies deine Liste einem Partnerkind vor.

Frage dein Partnerkind:

Was wünschst du dir?

____

Unterschrift Partnerkind

Eigene Wünsche markieren
Eigene Wünsche malen oder schreiben
Liste einem Partner vorlesen

Genau beschreiben

Datum: ______________

1 Lies und male.

2 Beschreibe genau. Schreibe.

rot
Stoff
kariert

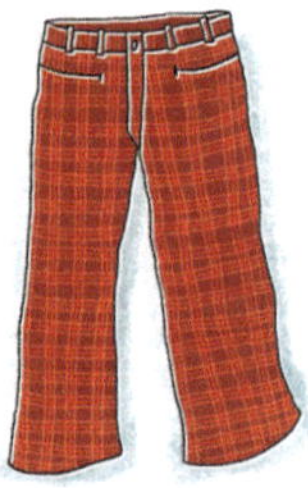

Ich suche eine Hose.

Sie ist aus ______________ .

Sie ist ______________ .

Sie ist ______________ .

3 Beschreibe einem Partnerkind 2 Kleidungsstücke. Dein Partnerkind soll sie oben im Bild finden.

____

Unterschrift Partnerkind

Ideen zum Einsatz des Tablets, siehe Handreichung, Kap. 1.3

Kleidungsstücke nach einer Beschreibung finden
Kleidungsstücke schriftlich und mündlich beschreiben

Datum: ____________

1 Lies und kreuze richtig an.

Ich suche ein Tier.
Es hat vier Beine.
Es hat einen Rüssel.
Es ist bunt.

☐

☐

2 Beschreibe auch ein Tier: das **Eichhörnchen**.
Lies die Wörter und schreibe.

braun
klettern
klein

Ich suche ein Tier.

Es ist ____________.

Es ist ____________.

Es kann ____________.

3 Lies einem Partnerkind deine Beschreibung vor.
Lass es das Tier raten.

____
Unterschrift Partnerkind

Datum: ____________

1 Lies den Text.
Schreibe und male.

Mein Name ist Emre.
Meine Augen sind braun.
Meine Haare sind schwarz.
Mein Lieblingsessen ist Pizza.
Meine Merkmale sind
eine Brille und
eine Narbe am Kinn.

2 Fülle den Steckbrief für Emre aus.

Name: Emre
Augenfarbe:
Haarfarbe:
Lieblingsessen:
Merkmale:

Eine Personenbeschreibung lesen und wichtige Informationen übertragen
Einen Steckbrief ergänzen

 Datum: ______________

1 Markiere in jedem Kasten ein Wort, das gut zu dir passt.

Augenfarbe:	blau	braun	grün	grau
Haarfarbe:	blond	braun	schwarz	rot
Essen:	Pizza	Nudeln	Salat	Milchreis

2 Schreibe einen Steckbrief über dich.

Male oder klebe ein Bild von dir in das weiße Feld.

Name: ______________

Augenfarbe: ______________

Haarfarbe: ______________

Lieblingsessen: ______________

Merkmale: ______________

____

3 Lies einem Partnerkind deinen Steckbrief vor.

____
Unterschrift Partnerkind

Die Reihenfolge beachten

Datum: ____________

Zuerst packen Julia und Mama die Sachen.

Endlich springt Julia in den See.

Dann fahren alle mit dem Rad.

1 Verbinde die Bilder **B** und **C** mit dem passenden Satz.

2 Schreibe die Wörter.

~~Zuerst~~ Endlich Dann

A Zuerst packen Julia und Mama die Sachen.

B ____________ fahren alle mit dem Rad.

C ____________ springt Julia in den See.

Eine Reihenfolge erkennen
Signalwörter der Zeitangabe bewusst wahrnehmen
Eine Geschichte geordnet abschreiben

Datum: ____________

1 Schneide die Bilder
an der gestrichelten Linie aus.

2 Schau dir die Bilder mit der roten 1 an.
Lege sie in die richtige Reihenfolge.

A 

B

C

1

1

1

3 Lies und
ordne die Sätze.
Verbinde.

A — Morgens geht Leonie aus dem Haus.

B — Nun kommen sie in der Schule an.

C — Dann trifft sie Milan an der Ecke.

Datum: ______________

1 Schau dir die Bilder mit der blauen 2 an. Lege sie dann in die richtigen Reihenfolge.

A 

B

C

2 Lies und ordne die Sätze. Verbinde.

A

B

C

Am Ende geht er schlafen und macht das Licht aus.

Zuerst isst Leon mit Papa Abendbrot.

Dann liest er einige Seiten in seinem Buch.

Handlungsorientiert Bilder in die richtige Reihenfolge bringen
Sätze in die richtige Reihenfolge bringen

Datum: ____________

1

Lies und suche die richtige Reihenfolge.
Schreibe die Buchstaben **A**, **B** und **C** in die Kreise.

Dann kommt die Klasse bei der Feuerwehr an.

Zuerst geht die Klasse von der Schule zur Feuerwehr.

Zuletzt steigen die Kinder ins Auto der Feuerwehr.

2

Lies und schreibe die fehlenden Wörter.

__________ geht die Klasse von der Schule zur Feuerwehr. __________ kommt die Klasse bei der Feuerwehr an. __________ steigen die Kinder ins Auto der Feuerwehr.

Schreibideen sammeln...

Datum: ______________

1 Was fällt dir noch zum Thema **Schwimmbad** ein?
Lies die Sätze. Schreibe 3 Wörter oben in das Bild.

Ein **Gedankenschwarm** hilft dir,
Ideen zu einem Thema zu sammeln.
Mit diesen Ideen kannst du eine Geschichte schreiben.

2 Male ein Bild zum Thema **Schwimmbad**.
Der Gedankenschwarm hilft dir.

Schwimmbad

Ideen zum Einsatz des Tablets,
siehe Handreichung, Kap. 1.3

Schreibideen in einem Gedankenschwarm ergänzen
Einen Handlungsstrang malerisch ausfabulieren

Datum: ____________

3 Schreibe die Sätze weiter.
Der Gedankenschwarm und dein Bild helfen dir.
Du kannst diese Wörter als Hilfe benutzen.

Rutsche
Turm
Eis

bin gerutscht
bin gesprungen
habe gegessen

Im Schwimmbad

Heute war ich im Schwimmbad.

Zuerst ____________

____

Dann ____________

____

Zum Schluss ____________

4 Lies deine Geschichte einem Partnerkind vor.

____
Unterschrift Partnerkind

 Datum: ____________

1 Schreibe einen Gedankenschwarm zum Thema **Pause**.

a) Schreibe das Thema **Pause** in den Kreis.
b) Was fällt dir noch zum Thema **Pause** ein?
Schreibe 3 Wörter in den Gedankenschwarm.

Ball

Kreide

spielen

2 Male ein Bild zum Thema **Pause**.
Der Gedankenschwarm hilft dir.

Pause

Schreibideen in einem Gedankenschwarm sammeln
Einen Handlungsstrang malerisch ausfabulieren

Handelnd einen Gedankenschwarm ergänzen

Datum: ____________

1 Schneide die blauen Karten aus.

2 Welche blauen Karten passen in deinen Gedankenschwarm zum Thema **Ferien**? Lies, wähle 4 Karten und lege.

Oma und Opa

Freunde treffen

Ferien

Kanu fahren

Computer | Bücher | Kino | Urlaub | Ausflug | ausschlafen

3 Welche blauen Karten bleiben bei dir übrig? Erkläre einem Partnerkind.

____

Unterschrift Partnerkind

Datum: ____________

Lieder | Torte
Kerzen | Spiele
Party | Fußball

1 Welche roten Karten passen in deinen Gedankenschwarm zum Thema **Geburtstag**? Lies und wähle 4 Karten. Klebe auf.

Geburtstag

2 Welche roten Karten bleiben bei dir übrig? Schreibe.

3 Was fällt dir noch zum Thema **Geburtstag** ein? Schreibe 3 Wörter oben in den Gedankenschwarm.

Wörter handlungsorientiert in einen Gedankenschwarm einsetzen
Eigene Ideen in einen Gedankenschwarm schreiben

 Datum: ____________

4 Suche dir 3 Wörter aus dem Gedankenschwarm.
Schreibe.

5 Zeige einem Partnerkind
deine 3 Wörter.
Erzähle ihm eine Geschichte
mit den Wörtern.

____
Unterschrift Partnerkind

6 Schreibe mit deinen Wörtern eine Geschichte.

Geburtstag

Ich habe meinen Geburtstag gefeiert.

Zuerst ____________

____

Dann ____________

____

Zum Schluss ____________

Handlungsstränge aus einem Gedankenschwarm auswählen
Ausgewählte Handlungsstränge ausfabulieren
Eine Geschichte zu Ende schreiben

Gedichte schreiben

Datum: ____________

1 Welches Gedicht gefällt dir besser?
Kreuze an.

☐ A ☐ B

2 Was passt zu welchem Gedicht? Schreibe **A** und **B**.

◯
1. Ich male einen Gegenstand.
2. Ich fülle ihn mit seinem Namen.
3. Ich verstecke ein anderes Wort.

◯
1. Ich schreibe ein Wort untereinander.
2. Ich schreibe zu jedem Buchstaben ein Wort, das passt.

Ideen zum Einsatz des Tablets, siehe Handreichung, Kap. 1.3

Gedichte lesen
Gedichte nach persönlichem Empfinden beurteilen
Gedichte ihrer Schrittfolge zuordnen

Ein Akrostichon schreiben

Datum: ____________

1 Sprich das Gedicht. Lies zuerst das **blaue Wort** von oben nach unten vor. ↓
Lies dann die Wörter von links nach rechts vor. →

TIGER
IGEL
ESEL
RAUPE
ELEFANT

2 Schreibe ein Gedicht zum Wort **WALD**.
Du kannst Wörter auswählen.

DACHS LAUB AMEISEN WIND
WIESE AST LICHT WANDERN

W ____________________

A ____________________

L ____________________

D ____________________

Datum: ____________

1 Schau dir das Gedicht genau an.

2 Welcher Gegenstand wurde gemalt?
Kreuze an.

☐ Baum

☐ Hase

Baum
BaumBaumBaum
BaumBaumBaumBaum
BaumBaumBaumBaumBaum
BaumBaumBaumBaumBaumBaum
BaumBaumBaumBaumNestBaumBaum
BaumBaumBaumBaumBaumBaum
BaumBaumBaumBaumBaum
BaumBaumBaumBaum
BaumBaumBaum
Baum
Baum
Baum
Baum
Baum
Baum
Baum
Baum
Baum

3 Mit welchem Wort
wurde der Gegenstand gefüllt?
Schreibe.

____

4 Suche das versteckte Wort im Gedicht.
Markiere.

5 Verstecke das Wort **Vogel**.
Schreibe in das Gedicht.

Den Aufbau eines Bildgedichts verstehen
Die Schrittfolge zum Erstellen eines Bildgedichts abarbeiten

Datum: ______________

1 Gestalte ein Gedicht zu **Burg**.

a) Mit welchem Wort musst du den Gegenstand füllen? Schreibe.

b) Welches Wort möchtest du verstecken? Schreibe.

c) Gestalte nun das Gedicht. Schreibe.

2 Suche dir ein Partnerkind und lass es dein verstecktes Wort finden.

____

Unterschrift Partnerkind

An andere schreiben

Datum: ______________

1 Was fehlt in der Nachricht im Bild? Kreuze an.

☐ Lieber Amar,

☐ Deine Lisa

Wenn du jemandem eine Nachricht schreibst, musst du an die **Anrede**, den **Gruß** und deine **Unterschrift** denken.

Anrede mit Komma:	*Lieber Amar,*	*Hallo Mama,*
Gruß:	*Viele Grüße*	*Bis morgen*
Unterschrift:	*Deine Lisa*	*Oma*

2 Übe deine Unterschrift.

Ideen zum Einsatz des Tablets, siehe Handreichung, Kap. 1.3

Teile einer Nachricht erkennen
Teile einer Nachricht kennenlernen
Die eigene Unterschrift üben

Liebe Oma,

ich esse morgen
in der Schule
zu Mittag.
Du musst nicht
für mich kochen.

Grüße
Dein Matti

1 Markiere Anrede, Gruß und Unterschrift in Mattis Nachricht.

2 Um was geht es in Mattis Nachricht? Lies und kreuze an.

- ☐ In der Schule essen.
- ☐ Mit dem Rad fahren.
- ☐ Später nach Hause kommen.

Lieber Matti,

ich bin noch
beim Sport.
Um 15 Uhr bin
ich zu Hause.

Bis gleich
Deine Oma

3 Markiere Anrede, Gruß und Unterschrift in Omas Nachricht.

4 Um was geht es in Omas Nachricht? Lies und kreuze an.

- ☐ In der Schule essen.
- ☐ Mit dem Rad fahren.
- ☐ Später nach Hause kommen.

Datum: ____________________

1 Lade jemanden ins Kino ein.
Schreibe eine Anrede und deine Unterschrift.

Liebe ___ ____________________,

ich lade dich ins Kino ein.

Liebe Grüße

Dein ___ ____________________

2 Schreibe jemandem, dass du in die Bücherei möchtest.
Schreibe eine Anrede, einen Gruß und deine Unterschrift.

Liebe ___ ____________________,

ich möchte in die Bücherei gehen.
Kommst du mit?

____

Dein ___ ____________________

Teile von Nachrichten ergänzen
Variationen des Grußes anwenden
Inhalte von Nachrichten erfassen

Datum: ____________

3 An welches Kind aus deiner Klasse möchtest du eine Nachricht schreiben? Schreibe die Anrede.

4 Worüber möchtest du schreiben? Kreuze an.

☐ Ins Kino gehen.

☐ In die Bücherei gehen.

☐ In der Pause spielen.

5 Schreibe deine Nachricht.

Einen Empfänger und ein Thema wählen
Eine eigene Nachricht selbstständig verfassen
Die eigene Nachricht übermitteln

Ti4

Digitale Nachrichten schreiben

Datum: ____________

1 Was ist eine SMS?
Sprich mit einem Partnerkind.

____
Unterschrift Partnerkind

2 Lies die Nachricht.
Setze die Wörter ein.

_______ Manu,
wir treffen uns _______
um _______
auf dem _______.
Ich freue mich! 😀
GLG
Flex

morgen
Hallo
Sportplatz
15 Uhr

Ideen zum Einsatz des Tablets, siehe Handreichung, Kap. 1.3

Über digitale Nachrichten nachdenken
Eine digitale Nachricht ergänzen

3 Emre war nicht beim Spiel.
Lies die Wörter und schreibe die Nachricht.

Hey Emre,

das Spiel war ________!

Alle haben super gespielt.

Nach 5 Minuten gab es

das erste ________ für uns.

Die anderen haben ________

Tor gemacht. Lia hat alle Bälle

gehalten!

Morgen spielen wir wieder.

Kommst ________?

Bb Flora

du
Tor
kein
cool

4 Lies die Nachricht
einem Partnerkind vor.

____
Unterschrift Partnerkind

Emojis und Abkürzungen kennenlernen

Datum: ____________

1 Schau dir die Emojis an.
Lies die Sätze.
Verbinde.

	Ich bin sehr müde.
	Das war nur ein Witz!
	Cool!

2 Lies die Abkürzungen.
Lies die Sätze.
Verbinde.

Bb	Viel Vergnügen!
vV	Bis bald!
hdl	Hab dich lieb!

Datum: ____________

Ich kann Listen schreiben:

Wunschzettel

–

–

–

Ich kann ein Tier beschreiben:

____

____

____

Ich kann einen Steckbrief schreiben:

Name: ______________________

Lieblingsessen: ______________

Augenfarbe: ________________

Haarfarbe: _________________

Merkmake: _________________

____

Datum: ____________

Ich kann Schreibideen sammeln und Texte schreiben:

____

Geburtstag

____

Ich kann Gedichte schreiben:

A

S ____________

T ____________

Ich kann an andere schreiben:

Liebe Ina,